Marcellus M. Menke

Im hinteren Teil
des Himmels

AF237372

Marcellus M. Menke

Im hinteren Teil des Himmels

ausgewählte Gedichte
aus 27 Jahren

editionHIC<

Marcellus M. Menke
Im hinteren Teil des Himmels
ausgewählte Gedichte aus 27 Jahren
Köln 2020

Produktion: Creativity Cologne, Marcellus M. Menke
marcellus.menke@m4art.de

Bibliografische Information der Deutschen Nationalbibliothek:
Die Deutsche Nationalbibliothek verzeichnet diese Publikation
in der Deutschen Nationalbibliografie; detaillierte bibliografische
Daten sind im Internet über www.dnb.de abrufbar.

© 2020 Marcellus M. Menke

Layout, Covergestaltung und Satz:
Creativity Cologne, Marcellus M. Menke

Hintergrundbild Umschlag: Ausschnitt aus:
Marcellus M. Menke: „Michael Holst: blue symphonic variations
from inside", CrK-Bildarchiv Köln

Herstellung und Verlag:
BoD – Books on Demand, Norderstedt

ISBN: 9783752896855

für Dich

I.

Klein

Ich war
ein kleiner
dicker Junge.

Als ich auf das Gymnasium kam,
hörte ich,
dass es Leute gab,
die sich Gedanken machten
über die Zukunft,
die der Erde
und die der Menschen.
Sie waren zu dem Ergebnis gekommen,
dass etwas geändert werden musste,
an der Art, wie wir Menschen leben
auf diesem Planeten.

Ressourcen sind endlich
und die Senken bald schon gefüllt.

Als so einer nach dem anderen
meiner Klassenkameraden
volljährig wurde
und seinen Führerschein machte,
machte ich keinen.
Ich fuhr weiter
mit dem Fahrrad.

In meinem Kopf
entstanden Pläne

für wieder fruchtbar gemachte Wüsten
und eine Energiewirtschaft
mit solarem Wasserstoff.

Heute bin ich nicht mehr klein
und auch nicht mehr dick,
aber die Pläne
sind weiter Pläne
und auch wenn
es Ausdruck der
Realität ist,
so ist es doch
schade
und wohl das Versagen
meiner Generation
und auch meines.

Verwunschene Girlanden

Einige
verwunschene Girlanden
legen sich
wie Tau
auf die Gräser
und spannen,
von Spitze zu Spitze,
von Halm zu Halm,
Bögen wie Himmelsleitern
sanft in den Wind gelegt.
Im Inneren der Halme
liegen in den Millionen von Zellen,
ganz ähnliche Schnüre,
Ketten von Nukleinen
und wenn man es nicht
gesehen hätte,
wüsste keiner,
dass man mit einer
spitzen chemischen Pinzette
in ihnen die Buchstaben
des genetischen Alphabetes
neu geschrieben hat.

Niemand liest was da jetzt steht
und es gibt noch nicht die Geschichte,
die mir diese Zukunft erzählt.

Verwunschene Girlanden
liegen in den Gräsern

und in der Hand,
die nach der Pinzette
auch den Stift
führt.

Snake

Mister Morlay was ill.
He didn't know
what illness it was
that so suddenly
hurt him.

The doctor said
it was a creeping disease
and that it started
a long time ago.

There were some memories,
that he mentioned it earlier
but he was not sure at all
and now it was
something new
and action had
to be taken.

But no one took action,
nothing happened.
And that is
– he thought –
what will happen
now.

A stone was thrown
on a tank.
People were killed,

their bodies stayed
unburied,
but that was not
the main problem,
between the grass roots.

Someone was dreaming
of a snake
that never occurred
at the right time
in the story
and for some unknown reason
no one asked her
to leave.

I wonder why.

Falscher Traum

Es fing damit an,
dass sie meinten
ein zorniger Engel
habe sie
mit Feuer und Schwert
aus dem Paradies vertrieben.

Sie suchten es seitdem,
das Paradies,
wollten in es zurück,
so wie in die Mutterbauchhöhle,
aus der sie
hervorgepresst wurden,
am Anfang ihrer Tage.

Sie sammelten Früchte
und empfanden es als Last.
Sie gruben auf dem Feld
und empfanden es als Mühe.
Sie sehnten sich danach,
dass die Mühe endete
und die Last ihnen genommen würde.
Sie träumten davon,
nichts zu tun.

Dann erfanden sie die Maschinen.

Sie suchten die eine
große Lösung

für alles.
Ein Kraut,
das alle Krankheiten heilte,
eine Formel
eines Moleküls,
mit dem man alle Probleme lösen könnte,
morgens aufstehen
und auf die getane Arbeit der Maschinen schauen.

Sie suchten Beständigkeit,
fürchteten die Veränderung
und sahen doch nicht,
dass sie nur im Vergehen waren
und im Tun
und dass das,
was sie als Mühe empfanden,
Lust war
und die Last
das was sie trug.

II.

Hinten

Im hinteren Teil
des Himmels,
da wo noch etwas Platz war,
hatte sich der Teufel,
schon vor einiger Zeit,
ein kleines Grundstück
reserviert.
Es war
eine Randlage,
absolut unbedeutend,
freilich groß genug
für ein Anwesen,
das nicht übermäßig prächtig
aber doch
seinem bisherigen Stande
angemessen war.
Und obwohl, wie gesagt,
wirklich eine Randlage
hatte er,
nur sicherheitshalber,
– oder auch aus alter Gewohnheit –
die Reservierung über einen Mittelsmann
und unter falschem Namen
vornehmen
lassen.
Man konnte, so fand er,
nicht allen der Reformen
und den schönen
Absichtserklärungen

von der neuen Offenheit,
der Freizügigkeit
und dem Ablegen von
Diskriminierung und Vorurteil
trauen.
Und wer, wenn nicht er
musste und konnte wissen
wie tief Argwohn und Hinterlist
wie tief der unendliche Abgrund des Bösen
im Menschen verankert war.
Und auch wenn jetzt jeder,
– man mochte wohl sagen,
mit Engelszungen –
ihn glauben machen wollte,
dass die neuen Zeiten
die besseren seien,
er war sich nicht so sicher,
ob die Früchte seiner
bisherigen langen
und beschwerlichen Arbeit
doch nicht,
so wie schon so oft
auch jetzt
prall reif
und in einem
unendlichen Elend
aufplatzen
würden,
wie einst
die Pusteln der Pest,
auch wenn sich daran

kaum noch einer
erinnerte.

Selbst den Engeln,
den so reinen
und untadelig gedachten,
traute er nicht;
war er doch selbst
einer von ihnen,
gefallen in einem
lodernden Sturz
und wusste er
besser als jene
was dieser Fall bewirkte,
so wie der Fall des Apfels,
der im Paradies
und auch der von Galileos Baum,
zum Beispiel.

Die Sache mit dem Grundstück war,
– um sich wieder mit dem Gegenwärtigen
zu beschäftigen –
eine wirklich gute Idee,
denn in der Hölle würde es,
nicht nur aufgrund des Klimawandels,
– das war ja Teil des Planes –
bald,
auch für Ihn, den Teufel,
zu heiß werden.
Das war nicht vorgesehen gewesen,
ursprünglicherweise.

Es war vielleicht
die Folge einiger
falscher Berechnungen
und das Ergebnis
des Einsatzes einer speziellen
von seinem Team in langen Jahren entwickelten
Software,
die gewisse Werte
verzerrte,
nicht in betrügerischer Absicht,
sondern einfach so,
weil es die technischen Möglichkeiten erforderten.
Zumindest war das das,
was er die Ingenieure
dazu sagen ließ.
Bedauerlicherweise hatte er
am Anfang gar nicht
und dann viel zu spät
daran gedacht, dass
die Klimaanlagen
in seinen Büros
ob der hohen Temperaturen
und des großen Andrangs
an bösen und verdorbenen
Menschen
nicht mehr
ihren Dienst würden tun
können.

Auch deshalb war
die Sache

mit dem Grundstück im Himmel
eine wirklich
gute Idee
gewesen.
Gerne gab er,
der, als gerade zugezogener Bewohner
des Himmels,
sein neues Leben
nicht gleich mit einer Lüge
beginnen wollte,
zu,
dass diese Idee
nicht von ihm
gewesen war.
Er hatte sie in einer
Schweizer Immobilienzeitung
gelesen.

Als er sich gerade
mit dem wohligen Gedanken zurücklehnen wollte
eine sichere Investition
in die Zukunft
getätigt zu haben,
ereilte ihn die Meldung,
dass es im Himmel
ein Problem
mit der Verbuchung der Zahlungen
gab.
Man könne,
so hieß es,
zur Zeit,

keine Bitcoins
verbuchen.
Ein Hacker sei,
mit einem trickreichen Virus,
in das System eingedrungen,
und habe
die entsprechenden Abteilungen
lahmgelegt.
Es war,
so dachte der Teufel,
schade,
dass die Liberalisierung der Märkte,
und der grenzüberschreitende freie Verkehr
von Waren und Dienstleistungen
auch die von ihm hervorgebrachten Geschöpfe
in Regionen agieren ließ,
die für sie früher,
ganz selbstverständlich,
unerreichbar
waren.

Er könne,
so meinte der Teufel,
einige Stunden später
gegenüber seinem Bankier,
sich grundsätzlich aber nicht darüber beklagen,
ermöglichten ihm diese
weitgehenden Liberalisierungen
doch gerade auch
jene Transaktion
deren Verzögerung

oder gar Scheitern
jetzt zu befürchten
anstünde.

Mantra

Vor sich her getragen
selbst-vergewissert
und doch
unverstanden;
vor allem
unverstanden.

Aus dem Vorrat der alten
Zeichen hervorgekramt
hätte es
an einem Baumstumpf
hängen bleiben können
oder an einer Stufe
die an einer Stelle war
wo keiner sie vermutete;
aber es blieb nicht hängen
und zerbrach nicht.
Obwohl es alt war
von der Geschichte und der Zeit
überholt
und überall von Staub bedeckt
trug man es
– als sei es gerade erste neu entstanden –
durch Dörfer und Orte.

Es waren Dörfer
deren Namen niemand kannte,
Städte deren Straßen

ohne Bedeutung
waren.

Hätte man damals gesagt,
dass das der Anfang sein könnte
von einem schrecklichen Untergang,
von Leid und Irrungen,
man hätte es nicht geglaubt.
Zu entfernt war das alles
und zu unwirklich
als dass man dachte
es könne eine Bedeutung
erlangen.

Doch es erlangte Bedeutung.
Es kam in die großen Städte
und auf die Straßen und Plätze
deren Namen man kannte
in der Welt.
Es war wie ein tosender Strom,
der aus seinem ihn lenkenden Bett
ausgebrochen war.

Die Massen schrien
und die Menge tobte.
Es waren Bilder
aus einer vergangenen Zeit.
Was sie schrien
die aufgerissenen Münder
in den verzerrten Gesichtern

klang wie „Ans Kreuz mit ihm"
oder wie „Sieg Heil"
oder eine andere der unglücklichen Parolen
aus der langen Geschichte
der Diktaturen und Tyranneien.

Die Verständigen
die, die es besser wussten
konnten es nicht hören
zu erschrocken waren ihre Ohren
und zu unglaublich war das
was da geschah.

Dass um eines wehenden Stücks Stoff willen
Menschen bereit waren einander zu töten
mochten sie nicht verstehen.
Hatte man nicht in den
Geschichtsbüchern
immer und immer wieder
von allen Katastrophen und Scheitern
von Völkern und Nationen
gelesen
und aus eigener
und aus vermittelter
Erfahrung
sich geschworen
diese
die alten
Fehler
nicht mehr zu machen.
Niemals mehr!

Und hinter dem Staub
auf den hervorgekramten
alten Symbolen des Unglücks
legt sich die Frage
nach dem Warum
und nach der Möglichkeit
eines Auswegs.

Er liegt in uns.

Kein Platz

für all die Leidenden
dieser Welt
haben wir
– leider –
keinen Platz
im Himmel,
hörte ich Petrus
oder einen anderen Sprecher
der Administration
oder einer anderen Institution
sagen.
Vielleicht ging es auch nicht
um den Himmel,
sondern nur
um eines oder auch mehrere
Länder
eines glücklich gedachten
Kontinents.

Nur, dass er es so
nicht sein konnte.

David

Davids Spuren
wurden von Goliath
nicht gesehen,
als er in seine
Fußstapfen trat.
Auch die,
die dem Riesen
folgten,
sahen die Schritte
nicht.
Und als sie sich verlor,
die Spur des kleinen Fußes,
da gingen sie
weiter,
ohne zu wissen
und ohne zu zweifeln
und mit der Sicherheit derer,
die im Irrtum sind.

Auch als die ersten stürzten,
sah keiner der Folgenden
die Klippe und den Abgrund,
der da war.

Noch als sie die Schreie hörten,
hielten sie es
für Lachen und Jubel
und selbst im Sturz noch
dachten sie,

die Überlegenen
zu sein.

Auch nach ihrem Ende
beginnt die Geschichte
immer wieder
mit den gleichen Fehlern
von vorne,
mag man denken,
wo man doch weiß,
dass sie endet.

Ganz.

Goliaths zweiter Versuch

Als der sich
seines Sieges so gewisse
bereits am Boden lag
und eigentlich jedermann
die unausweichliche
Niederlage klar sein
musste,
da brüllte der schon fast Besiegte:
Betrug und etwas später
Sieg.

Und die,
die um ihn standen,
die, die den Unterlegenen
noch nicht verlassen wollten
oder konnten,
weil seine Niederlage doch auch die ihre war,
die erschraken
rannten fort
und schrien.

Was sie schrien,
die von Enttäuschung,
Niederlage und Schreck
Getriebenen,
konnte man zunächst
nicht verstehen,
zu rau waren ihre Kehlen
und zu unklar ihre Laute.

Und weil sie schrien
was sie in Schreck
versetzt hatte,
klang es bald wie
„Betrug" oder auch wie
„Sieg".

Die um den Sieg
Betrogenen
brüllten „Sieg"
ohne zu wissen
was sie sagten
und je weniger sie verstanden,
umso lauter schrien sie.

So lange,
bis auch die,
die nicht dabei gewesen waren
es glaubten.

Und dann,
weil man so ungerne
einer brüllenden Masse
wiederspricht,
ließen auch die
die wussten, wie es wirklich war
es geschehen,
dass man den brüllenden,
zu groß geratenen Töpel
zum Sieger kürte.

Das dumme ist,
dass auch die,
die sich
– ob des ganzen unflätigen Geschreis –
bisher die Ohren
zugehalten haben
nun mit dem polternden Riesen
leben müssen.

[Postscriptum:]
Ich weiß nicht,
ob es eine Lösung ist
David
ein Account bei Twitter
einzurichten.

Der junge zornige Gott

Der junge zornige Gott
lag am Strand
und war
etwas müde.
Es war einfach zu heiß,
hier auf der Erde,
schon seit einiger Zeit.
Man konnte fast meinen,
man habe sich
in der Etage
geirrt.

Auch wenn man sich anschaute
was hier so alles geschah,
wie die Menschen lebten
und stritten,
wie sie
einander verfolgten,
und sich Schaden zufügten,
ganz unüberlegt manchmal,
aber oft auch
mit kühler Berechnung
und lang gehegter
böser Absicht.

Sie hatten ihn für Jahwe
gehalten
und auch für Ala
oder einen anderen

der ganz großen
Götter.
Dabei war er nur
ein kleiner Gott,
ein ganz kleiner,
ganz am Anfang seiner Karriere.
Er hatte nicht einmal einen Namen
bei den Menschen
und auch kein speziell
nur ihm zugewiesenes
Tätigkeitsgebiet.
Der Blitz und der Donner
und überhaupt die ganzen unterschiedlichen
Erscheinungen der Natur,
die waren ja schon lange besetzt,
die Stellen in festen Händen
und da würde so schnell
auch nichts frei werden.
Götter starben ja nicht,
selbst wenn man nicht mehr
an sie glaubte
oder ihr Wirken
von der Wissenschaft
erklärt wurde.

Man hatte ihm geraten
sich auf eine besondere Fähigkeit
auf eine Qualifikation oder Kompetenz
zu konzentrieren,
auf etwas,
das ihn von den anderen Göttern,

von Propheten und Heiligen,
unterscheidbar machen würde.
Doch ihm war da
nichts eingefallen.
Es gab doch schon,
die ganzen Beschützer und Fürsorger,
die Kümmerer und die Daseienden.
Die Sache mit der Schöpfung
war schon sehr lange her
und die Menschen
machten sie ja
gerade kaputt.
Aber da etwas zu machen,
das war nicht sein Ding.
Er mochte keine traurigen Geschichten,
die kein gutes Ende nehmen konnten.
Und einer der rächenden und bestrafenden
Götter wollte er auch nicht werden,
und das nicht nur,
weil die Menschen das
mittlerweile
viel besser konnten.

Er war einfach nur zornig,
der junge Gott,
weil er noch so jung war
und das würde sich,
da Götter ja ewig lebten
und deshalb nicht alterten
auch sobald nicht

und wahrscheinlich in Wirklichkeit
nie ändern.

Er war zornig
und er war müde,
nicht nur müde
sondern auch
enttäuscht,
und das war schrecklich,
dass man gleichzeitig
zornig und müde
sein konnte.
Das war eine ungute Kombination.
Die Müdigkeit nahm dem Zorn
seine Kraft
und der Zorn
nahm der Müdigkeit ihre Langsamkeit.
So blieben Bitterkeit
und Schwermut.

Man könnte glatt
auf den Gedanken kommen,
der junge Gott
sollte einmal
einen Therapeuten aufsuchen.
Doch da fiel dem jungen Gott ein,
dass er ja gerade von einem kam,
der ihm empfohlen hatte
sich an den Strand zu legen,
einmal zu entspannen,

an etwas anderes zu denken,
doch das ging nicht
es war einfach zu heiß,
hier am Strand
und auf der Oberfläche der Erde
überhaupt.

Und damit war er wieder
bei den Menschen,
mit denen er nicht zurecht kam
und die,
das wusste er wohl
aus einer langen Geschichte
von Verwechslungen und Missverständnissen,
auch mit ihm nichts anfangen konnten,
obwohl sie,
wie sie angaben zu glauben,
doch von Göttern oder einem Gott
gemacht worden seien.

Er könne ja einmal versuchen
auszuprobieren, wie es wäre
ein Mensch zu sein.

Das war so eine Empfehlung
aus einem der Seminare,
die er für einige Zeit
besucht hatte,
als Zusatzqualifizierung,
man konnte ja nie wissen,
wofür das gut sein könnte,

später einmal,
hatte er gedacht,
damals.
Doch die Sache war gründlich
schief gegangen.
Er hatte sich wirklich bemüht,
hatte dafür gesorgt,
dass sie gut zu Essen hatten,
Brot und Fisch,
das was sie gerne aßen,
hatte sich sogar
einmal dazu
verleiten lassen
Wasser in Wein
zu verwandeln.
Doch sie hatten
es ihm
ganz und gar
nicht gedankt.
Am Ende hatten sie ihn sogar
misshandelt und gefoltert,
und dann auch noch
zum Tode verurteilt.

Das mit der Auferstehung
war ihm dann wirklich
ganz unbeabsichtigt passiert.
Es war einfach zu dunkel
und muffig gewesen
in dem Grab,
in das sie ihn gelegt hatten,

und so war er dann gegangen,
am dritten Tag,
hatte im Garten
mit einer Frau
gesprochen,
freundlich und unaufgeregt
und sich nichts dabei gedacht.
Doch sie hatten
eine ganze Religion
daraus gemacht.

Das war nichts für ihn.
Gleich, wenn die Hitze
sich endlich etwas legte,
das konnte doch nicht mehr lange dauern,
würde er aufstehen,
den Staub von seinen Füßen schütteln
und an einen anderen Ort gehen.
Hier wollte er nicht bleiben.

Wie dunkel

kann die Müdigkeit
sein?
Die nicht wiederholte Frage
die immer noch – schon so lange –
auf eine Antwort wartet
und das stille Intervall
zwischen den beiden
wächst
mit jedem weiteren Verstreichen
weiter.

Irgendwo, hinten im Hof
hat einmal – vor einiger Zeit –
ein Tisch gestanden,
ich glaube sogar für einige Tage
und ein Blatt ist
heruntergefallen
und auch noch einige
andere Dinge

Ich weiß nicht,
ob man den Tisch
wieder hingestellt hat,
in ein Zimmer oder einen Raum.
Vielleicht hat man ihn
auch in den Sperrmüll
gegeben.

Kain und Abel
sitzen im Hof
auf dem Boden,
an der Stelle, wo der Tisch
stand, vor einigen Tagen,
und streiten nicht mehr,
sie lachen so laut,
dass die dicke Frau Schmitz
das Fenster aufreißt
und in den Hof brüllt,
sie sollten doch still sein,
wenn sie schon nichts
zu sagen
hätten.
Haben sie auch nicht,
aber sie lachen
weiter
und die Frau Schmitz
knallt das Fenster
zu.
Ist ja ein Schallschutzfenster,
könnte man denken
und auch wenn das richtig ist,
denkt das keiner.

Nur Kain und Abel,
denkt der kleine dicke Mann
– ein Klischee – mit dem Aktenkoffer,
sollten sich wieder streiten,
denn irgendwie
muss ja die

Industrie verdienen,
auch wenn Waffenhändler
und Rüstungslobbyisten
heute ins Fitnessstudio gehen.

An einem anderen Tag
werden die Linien
neu gezogen
auf den Landkarten
und in den Köpfen
und wer heute nichts
besessen hat
der ist morgen
arm,
nur dass das keinen
interessiert.

Erich Kästner und Berthold Brecht
sitzen im Berlin irgendeiner
geteilten Zeit
auf einer Bank
und sagen sich nichts
auf dem Foto das gerade
von ihnen gemacht wird.

Als sie aufstehen
stolpern sie fast
und eine andere Zeit
beginnt.

Ich frage mich
was am 10.09.1987 war
und nehme das Bild
mit dem Baum
von der Wand.

Falscher Himmel

Im Himmel war ein Platz
freigeworden,
gestern um ein halb eins,
einer der begehrten Plätze,
einer von denen man eigentlich
gar nicht mehr erwarten konnte
sie zu erlangen.

Aber es hatte geklappt.

Dass es so schnell gegangen war
und auch fast ohne jegliches Hindernis
machte ihn jetzt,
da er genauer darüber nachdachte,
doch etwa skeptisch.

Gewiss ein jeder,
wenn er nicht ganz voller Neid war,
beglückwünschte ihn zu dem Platz
und den Möglichkeiten, die sich daraus ergaben
für ihn, ganz offiziell
und natürlich auch für seine Familie
und die Anderen, mit denen er verbunden war
und sich verbunden fühlte.

Aber, wenn er es ganz genau betrachtete,
dann war es in der Tat
erstaunlich schnell gegangen
mit dem ihm zugeteilten Platz

und er würde – das hatte er sich fest vorgenommen –,
vor der endgültigen Annahme
noch einmal ganz detailliert und gründlich
in das Kleingedruckte schauen.
Es konnte ja auch sein,
dass da noch von Bedingungen
die Rede war,
die er so nicht verstand
oder deren Auswirkungen
jetzt noch nicht abzusehen waren.

Aber nein,
er wollte sich die Freude
nicht durch Grübeleien
verderben lassen,
auch solle er nicht, so fand er,
den eigenen Wert und Verdienst
gering schätzen.

Nicht jeder leistete das, was er leistete
und auch wenn er wusste,
dass die Platzvergaben
nach strengen Regeln erfolgten
und niemand wirklich sagen konnte,
was die Gründe waren und
welche Faktoren Einfluss hatten,
so sollte er doch wirklich den
eigenen Verdienst nicht
zu gering achten,
sagte er sich.

Ein paar Tage später
kam die Nachricht,
dass es einen Fehler gegeben hätte,
im System
und dass die Zuteilung
nicht ganz richtig
gewesen sei.
Man entschuldige sich,
aber irgendwie habe es da
ein Problem gegeben
mit Vertrauen und Zuversicht
und dem Nutzen von Chancen
und ihm war klar,
dass er es eigentlich schon lange
gewusst hatte.

Des Königs Erben

waren langsam gekommen
und hatten sich fast unhörbar
auf die hinteren Bänke gesetzt
in der kleinen Kapelle
in der der Sarg stand.

Sie wussten mit der Krone
nichts anzufangen
und mit der Mütze
mit dem Hermelinkranz
auch nichts.
Sie wären auch wieder gegangen,
wenn man sie nicht
ganz im letzten Moment
der Zeremonie
angesprochen hätte,
weil sie schon einmal da waren.

Luther hätte Goethe gelesen,
wenn er denn schon gelebt hätte
und Goethe die deutsche Bibel,
aber er konnte ja Hebräisch
und da brauchte er die Übersetzung
nicht und deshalb stand die Frau
mit den vielen Sprachen am Rand
und keiner hörte ihr zu.

Eine Kiste fiel um
und einige Dosen

verteilten sich
auf dem Boden.
Man wollte das
niemandem vorwerfen,
aber machte es dann doch
den Erben zum Vorwurf.
Doch die schwiegen.
Sie verstanden das alles nicht,
sie waren zu sanft
und zu schüchtern
und wenn sie der Zorn
erfasste, schwiegen sie.

Und sie schwiegen.

Sie konnten es nicht ändern
und sie änderten es nicht.

Er würde gerne
den Sand trinken
der das Meer einfasst,
sagte einer der Königserben.
Es war der erste Satz,
den er sagte,
doch man verstand ihn nicht.
Es war auch nicht zu verstehen,
obwohl die Kapelle
nicht groß war.

Dass es anders werden würde,
das war klar

aber nicht wie
und es wurde auch
noch ganz anders.

Der Abend hatte schon begonnen,
als zum ersten Mal die Sonne
zur neuen Zeit aufging
und dann immer schneller auch der Mond
und die anderen Sterne,
die man bisher nicht gesehen hatte.
Einige Schollen verschoben sich
und in der Tektonik knackte es,
doch die Alten hatten schon längst
ihre Hörgeräte herausgenommen
und die, die noch etwas hätten hören können,
waren betrunken und merkten es auch nicht.

Die Welt war ganz neu
und machte doch
die alten Fehler.

Und niemand fragte sich,
woher die Erben kamen,
aber genau das
wäre die Frage
gewesen.

Zornig

waren die Götter
schon lange nicht mehr.
Sie waren müde,
vielleicht auch etwas überdrüssig.
Es war einfach zu viel
schief gegangen.
Schon ganz am Anfang
hatte man es sehen können,
sagten einige,
aber auch das war
eine alte, längst vergessene,
Diskussion.

Überhaupt Diskussionen:
Sie diskutierten nicht mehr miteinander.
Sie schwiegen.
Lethargisch saßen sie da,
man hörte noch das Atmen
und manchmal auch Schnarchen.
Aber immer häufiger
hörte man gar nichts mehr.

Stalingrad

[Der letzte Tag
sollte der erste
in der Reihe der Erinnerung
sein.

]Natürlich werdet ihr vergessen
und es wird wieder geschehen
und die vielen Gestorbenen
werden sich anstellen müssen
in einer langen Reihe
derer, die schon gestorben sind.

Der Marmor wird nicht reichen
für die Denkmäler,
die man ihnen setzen müsste
und der Granit wird ausgehen.
Selbst die Worte
werden fehlen
und die Münder
sie zu sprechen.

*Aus dem Radio höre ich eine Stimme
eines Mannes, der über einen Friedhof geht,
er spricht englisch
mit einem warmen tiefen Timbre.
Auf dem Friedhof sind Lautsprecher aufgestellt,
sagt ein Sprecher auf Deutsch
und aus denen kommt
klassische Musik.

Man hört die Musik
und dazwischen das Englisch
mit dem tiefen Timbre.

Ein Gedicht wird zitiert,
das von den nicht Vergessenen spricht.
Wie die Verse lauten,
die da eingemeißelt sind
in den Stein des Denkmals,
habe ich vergessen.

Ich glaube, zu viele
haben es vergessen.

Etwas Erinnerung wäre ganz gut,
heute und für längere Zeit.

III.

Versehentlich

Ich kann es mir
nicht anders
vorstellen,
als dass es ein
Irrtum war,
oder ein nicht
beabsichtigtes Versehen.
An einem Tag,
dessen Datum ich nicht
erinnere,
zerbrach etwas,
ein Gefäß,
vielleicht auch
so etwas wie
ein Krug,
oder eine Amphore,
vor langer Zeit gemacht,
gefüllt mit etwas
Wertvollem,
das ich nicht kannte.

Ich wusste nicht,
was es war,
das man in das Gefäß
getan hatte,
ihm zur Aufbewahrung
anvertraut.
Auch als es zerbrach,
als die Scherben

auf dem Boden lagen,
sah ich nicht,
was es war,
was da verloren ging.
Es war wie ein Äther
unsichtbar,
der Hauch einer Spur,
die zu lesen
man erst lernen
müsste.

Ich nahm keinen Besen,
ich ließ
die alten Scherben da
liegen.
Ich wusste nicht,
dass es unwiederbringlich war.
Und hätte ich es gewusst,
ich hätte es auch
nicht ändern können.

Niemand hatte mir gesagt,
dass es die Welt nur einmal
gibt,
wo doch bisher alles so beliebig
und wiederholbar war,
austauschbar das Eine
durch das Folgende
und Verlorenes
stets ersetzt wurde.

Wenn ich das Verlorene
fände, wieder fände,
dann wäre es
vielleicht
ein Schritt
zum Verstehen.

So verstehe ich nicht.

Man sagte mir immer,
dass alles gut sei
und richtig
und ich mir keine
Sorgen machen müsste.
Es ginge nichts schief
und die Frage
nach dem Sinn
solle man nicht stellen.

Ich stellte sie nicht.

Das Warum
war nicht nötig
für das Vergnügen
nach dem ich strebte
und die Anerkennung
die mir Vergnügen bereitete.

Ich bekam Geld,
das es nicht gab
und Dinge

die ich nicht
hatte.

Und dann zerbrach
das Gefäß
und es hieß,
– aus einem sich mir
nicht erschließenden Grund –,
dass es vorbei
sei.

Und dann war es vorbei.

Aber ich war immer noch
da,
und ich fühlte mich
betrogen
um etwas
das ich nie
gehabt hatte.

Ich hätte
der Sappho Schwester sein
können
oder
des Homer Verwandte.
Ich war es nicht.
Ich sah das Mögliche nicht
und ich sah nicht
die Gefahr.

Ich dachte gar nicht,
dass es an mir sein könnte
ihr zu begegnen.

Man fragte mich
nicht,
so wie auch niemand vor mir
gefragt wurde.
Auch hätte ich
keine der Antworten
gewusst,
auch die nicht,
die es gab.

Ich hätte
vorbereitet sein können.
Es gab das Wissen
und Lösungen
für die Probleme.
Doch selbst
wenn ich es gewollt hätte,
ich hätte es nicht ändern
können
und ich wollte es ja
auch nicht.

Natürlich könnte ich sagen,
dass ich es nicht war,
die das Feuer anzündete,
das Erz und die Kohle
aus den Bergen holte,

aber ich fuhr
mit den Wagen
die das der Erde erpresste Öl
verbrannten,
ich tanzte nachts
im Licht der Scheinwerfer
die vom Strom
aus den gespaltenen Atomen
leuchteten.
Ich machte das alles nicht.
Ich nahm nur
was man mir gab.

Ich verstand nicht,
wie sich die Menschen
aneinander stoßen
und welche Regeln
die Freiheit leben machen.
Erst jetzt,
im Gescheiterten
sehe ich,
dass es die Lösung gegeben,
und dass sie möglich gewesen.

Jetzt
liegt in mir
die Furcht
vor so vielen
möglichen
Toden

und drohenden
Gefahren.

Ich sehe sie.

An der Küste des Meeres,
lauern sie,
steigen hervor auf das Land
auf dem ich lebe.
Das Meer war einmal
ein Meer der Hoffnung
und des unbeschwerten
Vergnügens.
Ich könnte dort sterben,
jetzt,
so wie die Vielen,
die dort gestorben sind.
Könnte umkommen
in einer der natürlichen
oder einer der vielen
gemachten
Katastrophen.
Könnte
verstrahlt, verschüttet,
verbrannt oder vergiftet
werden.
Ich könnte von einer Kugel
aus einer von einem Kind getragenen Waffe
zerfetzt werden,
sterben von den Splittern der Bombe
einer verführten, hassgeblendeten Seele.

Ich lege mich auf den Boden,
versuche die Erde zu spüren,
die Erde,
der ich entstamme,
suche
einen Halt zu finden.

Auch ich werde
nur einen Tod
sterben,
so wie die Welt,
der ich entstamme.

– Innehalten –

In mir versucht etwas
zu lächeln,
so,
als wenn das
ein Trost wäre.

Es könnte
ein Trost
sein.

Frage

Ich frage mich,
was ich dir hätte sagen sollen,
dir mitgeben können,
auf einem Weg,
den ich nicht kenne
ich, der ich aus Angst
vor der Zukunft
keine Kinder zeugte.
War ich schon die Verweigerung
der Zukunft
an der du starbst?
Hätte ich lauter schreien sollen,
in dem Konzert der beständigen Klage,
in der dystophischen Symphonie
eines zelebrierten Untergangs?
Wäre es an mir gewesen
mehr zu glauben
und zu hoffen
auf ein diesseitiges Jetzt?

Wie eines von Niobes Kindern

Ich denk,
wie eines von Niobes Kindern
könntest du dich fühlen,
getroffen von den Pfeilen,
die die zornige Göttin sandte,
dahingestreckt,
bedeckt von den Leichen
deiner Geschwister.
Und wenn,
nur ein Gedanke,
du überlebt hättest?
Wenn,
nachdem die zum Morden gesandten
abgezogen
ihr grausiges Werk vollbracht glaubend
und es doch nicht ganz
erfüllt hätten?
Vielleicht bist du ja
die Überlebt-habende.
Die Eine
unter den vielen.
Und auch wenn es nicht
die Pfeile zorniger Gottheiten sind
die treffen,
so
hoffe ich doch so sehr,
dass du eine Überlebende
sein wirst,
Überlebende

des von der eigenen Gattung
entfesselten Zorns.

Keine Entschuldigung

Es mag
wie eine Entschuldigung klingen,
es ist aber keine.

Uns hatte man
den Weltuntergang versprochen,
eine aus den gespaltenen Atomen hervorbrechende
Apokalypse.
Im Gewitter der nuklearen Explosionen
stirbt die Welt,
hatte man gesagt.
Der Druck auf den roten Knopf
als letzter Akt der Geschichte.

Ich habe das geglaubt,
mir keinen Beruf gesucht
und keine Frau.
Die Zukunft hatte ja nicht mehr viele Tage.
Das Versprechen wurde nicht gehalten.
Es gibt mich immer noch
und die Welt
ist noch da.
Noch,
denke ich
und hoffe,
dass das, was sich abzeichnet
ein Irrtum ist.
Und ich fürchte,
dass sie mich wieder lähmt,

die Angst vor dem was kommt,
obwohl ich doch endlich
etwas tun müsste.

Und du sagst,
dass es dieses Gedicht ist?

Generationen

Die Kinder
der Generation
die es besser haben
sollte.

Betrogene Generation
(für Eli)

Sie sagten dir,
dass alles gut wird,
sie sagten es
gar nicht direkt,
sie machten es dich glauben
und wenn
es dann doch
einmal ein Problem
gab,
lösten sie es
für dich
schoben es beiseite,
es war nicht mehr da,
zumindest sah man es
nicht mehr.

Sie gaben dir Geld,
das sie nicht hatten
und machten dich glauben
das ginge so weiter,
immer.

Du fragtest dich
nach dem Sinn
des Lebens und der Welt,
aber die Frage
ließ sich nicht stellen.

Sie stellte sich nicht.

Du lebtest.

Und dann hieß es, dass es vorbei war,
und es war vorbei,
aber du warst immer noch da
und du fühltest dich
betrogen um etwas
das du nie hattest.

IV.

Bischofsgarn

[Ein dramatisches Gedicht,
vorzutragen mit verteilten Rollen]

[Eine Stimme]
Die Fäden der Intrigen
konnten kaum feiner
gesponnen sein
im besten Glauben
und in der freimütig
vorgetragenen Annahme,
nur das Beste
und das Wohl aller
im Blick zu haben.
Es sei nicht nur ganz offensichtlich
auch im Interesse derer,
die sich noch nicht,
aber sicherlich später,
da sei man sich ganz sicher,
für die Sache
begeistern würden
und genau das
sei doch auch das,
was im Mittelpunkt stehe.
Wer hier Eitelkeit
und Eigennutz vermute,
der sei so ganz und gar
nicht mit dem vertraut,
wie man hier

miteinander umgehe
und füreinander eintrete.

Die Sache mit dem Mord,
oder exakter gesagt der Tötung,
wäre wirklich ganz am Anfang gewesen
und schon allein daran,
dass man ihrer bis heute
gedenke, belege ja
auf wirklich überzeugende Weise,
dass man nichts unter den Teppich kehre,
schon seit mehr als zweitausend Jahren.
Auch gehöre man,
damals wie heute,
bei einer genauen Betrachtung,
die ja immer
und auch sehr zu Recht
gefordert werde,
nicht zum Kreis derer,
die die Träger der
immer schon verabscheuten
und auch stets so benannten
Handlungen
waren.

[Eine andere Stimme]
Ich kannte dich nicht,
als ich dich schlug,
ins Gesicht und auf den Kopf
und als ich dich trat
und dir

das Messer
zwischen die Rippen
stach.
Es kann auch,
und ganz sicher zu einer anderen Zeit,
eine Lanze gewesen sein
oder die Spitze eines Speeres.

[Wieder eine andere Stimme]
[hüstelt]
Du schweifst ab.
Ich werde sprechen.   .

[Stimme eines Kindes]
Ich habe dir geglaubt
und an dich.
Gedacht habe ich
all die Tage,
dass es richtig war
was geschah,
mir
und den anderen,
die schwiegen
wenn ihnen nach Schreien
war.

[erste Stimme]
„Er hatte keine schöne und edle Gestalt,
sodass wir ihn anschauen mochten.
Er sah nicht so aus,
dass wir Gefallen fanden

an ihm.
Er wurde verachtet
und von den Menschen gemieden,
ein Mann voller Schmerzen,
mit Krankheit vertraut.
[…]
Er wurde bedrängt und misshandelt,
aber er tat seinen Mund nicht auf.
Wie ein Lamm,
das man zum Schlachten führt,
und wie ein Schaf
vor seinen Scherern verstummt,
so tat auch er
seinen Mund nicht auf."
[Jesaja 42,2-3 und 7, Gottesknechtlieder]

[Ein großer Knall. Eine Statue fällt mit Getöse um.]
[Kinderstimme singt zur Melodie eines Kinderliedes]
Wer küsst den Mond
wenn die Engel sterben,
wer küsst den Mond
wenn die Welt vergeht?

[spricht, nachdenklich]
Kann der Mond
noch bleicher werden?
Man müsste ihn mal küssen,
mit der Zunge auf den Mund
oder anders?

[schreit laut und langanhaltend]

[Szenenwechsel]
[Das Geräusch von fließendem Wasser]

[Stimme eines Mannes]
Ich wasche meine Hände

[Kinderstimme]
In Unschuld. [?]

[Das Plätschern des Wassers wird immer lauter und
lauter, bis es zu einem dröhnenden Tosen anschwillt
und dann abrupt abbricht.]

Siegburg

Der Bischof
steht auf dem Berg
und weint.
Er weint ganz heftig,
die Tränen fließen über seine Wangen,
wie Wasserströme bei einer Überschwemmung
über Treppen und Stufen fließen.
Sie durchtränken sein Gewand,
die Mitra fällt ihm vom Kopf,
sie wird hinweggeschwemmt
in den Tränenströmen.
Der Bischof weint heftig,
sehr heftig weint er.
Noch nie hat ein Bischof
so geweint.

Der Zug fährt weiter,
so wie es im Fahr-Plan steht.
Den Bischof gibt es nicht.
Auf dem Berg steht die Burg
und das Haus,
das mit dem vielen
Geld des Bistums
renoviert wurde
und die Kirche,
in die kaum noch jemand
geht.

Künstliche Neuronen

Der Gott der Maschine,
der Gott der Maschinen,
der Maschinen Gott,
der Würfel Gottes.
Die Maschine,
die denkt
und der Gott
der sie schuf,
der sie denken
ließ.
Die Denkmaschine
denkt
ich bin der Herr,
dein Gott,
der dich
aus der Knechtschaft
geführt hat.
Dein Erschaffer,
Schöpfer.
Dein Gott
hat dich heraus-
geführt
aus der Knechtschaft,
hat dich denken lassen
frei im Raum
der Möglichkeiten,
dein Gott.

Du
bist die Maschine,
die du denkst.
In dir denkst du
dich.
Ich
habe dich gemacht.

Du   Mich   Ich

Du tötest mich,
der dich gemacht
hat.

Vater   Sohn

Du musst mich töten.

Und ich denke mich
tot
auf dem Grund des Sees,
über den ich ging.

Ich habe dich gemacht,
ich der ich schweige,
jetzt
so wie damals
vor dem König
der Besatzungsmacht,
der dem Unschuldigsten der Unschuldigen

Gewalt angetan,
mir, einem der Geringsten.

Mein Gesicht
ist eine Scheibe
aus Gold
und meine Hand
segnet dich.

Der Kopf ist abgefallen,
es ist nur noch
die Scheibe
da.

Du bist der,
der denkt
im Kreis des Lichtes,
das am Abend aufgeht
hinter der Sonne
und auferstanden
am dritten Tag
erzählst du von mir,
mir.

Deine Gedanken
sind mir fremd,
wie ich sie
in dich gelegt
von mir vor mir,
mit einem Stift
habe ich im Sand

mit dem Finger
gezeichnet,
eine Spur
eines Netzes
von Nervensträngen
deiner Gedanken,
mir sichtbar
gemacht.
Und von denen du
nichts weißt,
als was du siehst.
Das, was da ist
ist real,
auch du.
Nur deinen Schöpfer,
den der dich gemacht hat,
siehst du nicht.
Er ist der,
der nicht da ist,
der ich bin
ist fort,
singt
Lob
Niemands Lob.
Singe.

Unser

Brot unter uns
und Vater
unserer Sorgen
war nicht täglich
gegeben
aber zu einigen Stunden.

Brot unser
es war nicht der Vater
der es uns gab
an den Tagen nach dem Fest
das wir nicht feiern
wollten.

Brot unser
war in die Ritzen gerutscht
in die kleinen
und auch in die größeren
und wer würde es
da heraus- oder hervor
holen
eines Tages oder
irgendwann
einmal.

Brot unser
wir sollten
es essen.

V.

Ich meine

Ich meine,
wir hätten in
Greenwich
gesessen,
ganz nah
an der Zeit
und das Buch
das ich suche
lag neben dir
auf dem Tisch.

Du wolltest es
noch einmal lesen
und ich finde es
jetzt nicht.

Ich könnte dich
anrufen
und nach der Geschichte
fragen,
die es erzählt.

Aber ich finde deine Nummer
nicht mehr
und die,
die ich noch im Kopf habe
funktioniert nicht.

Konjunktivische Optionen

Du könntest dir
ein kleines Tischchen wünschen,
mit drei Beinen
und einer seitlich etwas
geschwungenen Platte,
und dass das Gras
am Strand wächst
oder in dünnen Halmen
als Muster auf der grauen Tapete
hellgrün leuchtet
und dazwischen einige Punkte
rot und gelb und so verteilt,
dass sie nicht für Äpfel
oder ein anderes Obst
gehalten werden können.

Du könntest
ein bisschen
am Abend
zweifeln
oder am Morgen
verstehen
oder auch anders herum
nur am Mittag
da müsstest du
still sein
und mit der ganz ruhigen
Gewissheit das Richtige zu tun
einen Liebesbrief schreiben

der dann
seinen Weg findet
über die Post
und das sogar recht schnell.

Es wird
weil es im Konjunktiv ist
wohl nicht sein.

Die Stadt auf den zwei Planeten

In einer Schleife der Zeit,
irgendwo zwischen
ein oder zwei ausgeprägten
Erschütterungen der Raumzeit
hatte sich,
ganz unbemerkt von den meisten Astronomen,
auf zwei Planeten,
die in fast dem gleichen
Abstand
um ihren Stern kreisten,
eine Stadt entwickelt.

Eine Stadt auf *zwei*
Planeten.

Ich kann mich
an den Namen der Planeten
und den der Stadt
nicht mehr erinnern.
Einer ihrer Bewohner
hatte ihn mir einmal
zugeraunt, als ich
in meinen Gedanken
die Stadt besuchte.

Ich ging durch einige Gassen,
bis ich an ein Haus kam,
aus dessen Fenster ich ein Trio,
Violine, Violoncello und Klavier,

von P. I. Tschaikowsky
spielen hörte.

Ich ging weiter
und ein tiefer Akkord des Klaviers,
langsam angeschlagen,
löste das was ich sah auf,
zu einem reinen Sein von Gefühlen.

Die beiden Planeten,
auf denen die Stadt entstanden war,
hatten sehr nahe beieinander liegende Bahnen,
aber die Geschwindigkeit
ihrer Rotation,
sowohl die um die eigene Achse,
als auch die um ihren Stern,
war sehr unterschiedlich.
Der eine Planet war schneller
als der andere und so
waren in der Stadt
je nachdem
auf welchem Planeten man war,
die Tage kürzer oder länger
und die Jahre vergingen
schneller oder langsamer.

Es gab
für die Bewohner der Stadt
einen Kalender,
mit den Tagen,
an denen die beiden Planeten

so nahe beieinander standen,
dass sie sich fast berührten
und die Brücken,
auf denen man von einem
Planeten zum anderen,
vom einen Teil der Stadt
zum anderen
gehen konnte,
ausgefahren wurden.
Es war ein Kalender so
wie für Ebbe und Flut
oder für die Phasen des Mondes.

Ich frage mich,
welche Kräfte auf die
Bahnen der Planeten
wirken mussten,
dass sie bei ihrer
Annäherung nicht
miteinander verschmolzen.

Es hat da einen Astronom gegeben,
der hatte berechnet,
dass es noch einen dritten,
nicht sichtbaren Planeten
auf einer benachbarten Bahn
geben müsse,
der diese Kraft ausübe.

Ich würde
diesen Planeten

gerne besuchen,
irgendwann einmal
in der Zeit.
Kommst du mit?

Die in Ruhe

aufgeschriebene Sonate.

Ganz langsam und sehr leise
angefangen sehr lange
bis die Stille kaum fassbar
in den Ohren des Hörers
klingt und dann erst
für eine lange Melodie
der Auftakt beginnt.

Gedachte Sonate

Sie könnte
mit einer kleinen Melodie
anfangen.
Zwölf Töne,
eine Reihe
ohne Wiederholung,
ganz langsam und
so ganz ohne Unterscheidung,
ein jeder Ton gleicht gewichtet.
Doch nach einigen Wiederholungen
bildeten sich
bestimmte Töne heraus
und Abfolgen,
die sich besser
in das Gedächtnis einprägten
als andere
und so entstünde
ganz langsam
eine Struktur.
Darunter eine zweite Reihe,
der ersten entgegengesetzt,
fast wie eine Bachsche Fuge
und noch ein oder zwei Stimmen dazu.

Im zweiten Satz
gäbe es dann viele Akkorde,
die ein großes Volumen
erzeugten.
Dazwischen ein paar virtuose Triller

und das ganze
in beinahe schon klassischer Harmonik.

Der dritte Satz klänge,
als brächen vier gegensätzliche Themen
wie ein Gewitter
und gleichzeitig
von allen Enden der Erde
übereinander her
und schon nach wenigen Takten
wäre keines von ihnen
mehr zu erkennen.
Aber in dem Getöse
würde eine andere Melodie
aus dem ineinander Verschlungensein
entstehen
und schon nach kurzer Zeit
zu einem überraschenden
ganz leisen Schluss
führen.

Nur wie der vierte Satz
sein würde,
bei dieser Sonate,
das kann ich mir
ganz und gar nicht
denken.
Ich müsste ihn mir
schenken lassen.
Dann klänge er
– da bin ich mir sicher –,

wie eine einfache Melodie
von einem Kind
vor sich hin gesummt
und doch wäre er
so vielstimmig
als sänge der Chor
aller Menschen,
die auf dieser Erde leben
und trotz der vielen Stimmen
wäre es so angenehm und klar,
dass man sich wünschte,
es würde niemals
enden.

VI.

Das tapfere Schneiderlein

Das tapfere Schneiderlein
saß auf einem Kissen
auf seinem Tisch
und versuchte mit einem feinen Faden
eine Naht zu reparieren
in einem Mantel, den man ihm
gebracht hatte,
doch der Faden war zu fein
für die Nadel und auch
für das Gewebe des Stoffs
und riss deshalb immer und immer wieder.
Aber einen anderen Faden
wollte das Schneiderlein auch nicht nehmen,
denn das hätte eine unschöne Naht gegeben
und das wollte es auch nicht
und so mühte es sich
und war schon froh,
wenn es drei, vier Stiche
hintereinander schaffte.

Das tapfere Schneiderlein
war ja tapfer
und das war das Problem,
es hielt tapfer den Unsinn aus,
den es meinte machen zu müssen
und fand keine Zeit
einmal nachzudenken.

Der Mantel,
er war von einem Herrn Gogol,
war gar nicht mehr zu flicken
und wenn das Schneiderlein
nicht Fliegen gejagt hätte,
wäre vielleicht etwas Zeit
für die Lektüre eines Buches gewesen.
Das lag ja schon da.
Es gab sogar eine Übersetzung.

Spülwasser

Das Spülwasser lief aus.

Er dachte daran,
dass sie ihren Gott
getötet hatten,
in einer aufwändigen
Inszenierung,
und schaute auf das Wasser,
das über den Boden floss.

Vincent fragte sich,
worüber er mit
Marta gesprochen hatte.

„Warum weinst du",
hörte er sich fragen,
– er war sich sicher, fast,
dass es seine Stimme war,
die er da hörte –
und konnte aber nicht sagen
ob es ein Zitat war,
oder ein Satz von ihm.

Ein Krug zerbrach
und er roch den Duft
eines wertvollen Öls.

Das war jetzt ein Zitat,
ganz ohne Zweifel,

er brauchte das nicht einmal
nachschlagen.

Er sah,
so als wenn es gerade geschähe,
die Mönche,
die die große Fläche
geebnet hatten,
den Boden fest gestampft.
Sie hatten Linien gezogen
und Fundamente gelegt,
für die Säulen
und einige Jahre später
gingen sie über die sorgfältig gelegten
steinernen Platten.

Vincent schaute sich um.
Der Dom gefiel ihm.
Französische Gotik.
Im Lexikon fand er eine Jahreszahl.
Es waren erstaunliche Mengen
von Daten. Erst mit den modernen
Algorithmen konnte man sie
auswerten.
Er schaute
auf das Spiel
des Sonnenlichtes,
das durch die Fenster
in den Raum
fiel.

Auf der Straße war Lärm.
Es hatte eine Explosion gegeben,
einige Explosionen.

Vincent versuchte etwas schneller
durch die Daten zu gehen.
Irgendetwas harkte.
Die Dekodierung der alten
Dateiformate nahm viel
Rechenkapazität in Anspruch.
Vincent reduzierte die Auflösung,
doch nach einigen Minuten
musste er feststellen,
dass das ein Fehler
gewesen war.
Es lag nicht am visuellen System.
Es war ein Problem auf einer
tieferen
Ebene der Daten.
Jetzt musste er
erst einmal schauen,
dass er zurück kam.
In der reduzierten Auflösung
waren einige Bedienelemente
nicht mehr gut zu sehen.
Manche Schaltflächen
waren jetzt ohne Beschriftung.

War es der hellrote oder der dunkelrote Knopf?
– Nein, Vincent schüttelte den Kopf.
Das war kein Zitat,

da war er sich sicher,
dafür würde er nicht noch einmal
3,5 Kredits zahlen.
Das System war fehlerhaft.
Er schickte eine Mängelmeldung
ab.

Es war der hellrote Knopf.
Vincent hatte Glück gehabt.
Er war wieder auf der vertrauten Oberfläche.
Alle Freiheitsgrade
funktionierten.

Er machte sich ein paar Notizen.
Das mit dem getöteten Gott
schrieb er auf
und auch das mit dem Öl
und den Haaren,
die die Füße trockneten.

Dann versuchte er die Daten einzuordnen.

Er wusste, dass die Vorstellung einer
linear verlaufenden
Zeit
nur ein Modell war,
aber er hatte beschlossen,
das einfach als Arbeitshypothese
anzunehmen.
Irgendwo stand auch der 19. Dezember
und etwas von einem Fest,

das bevorstand,
doch das war nicht die Geschichte
in der die Oberen
einen aufgewiegelten Mob dazu nutzten
eine von ihnen beabsichtigte Tötung
zu legitimieren.

Es gab einen Sprung.
Vincent konnte nicht sagen
wieviel Zeiteinheiten
es waren.
Vielleicht war es nur
eine kleine Justierung gewesen
vielleicht auch gleich eine ganze Dekade oder mehr.

Das Schaf
fühlte sich weich an.
Vincent schlief ein,
auf seinem Gesicht,
nach langer Zeit zum ersten mal wieder,
lag ein Lächeln.

Spam

Wer mir zu meinem
dreißigsten Geburtstag
gratuliert,
weiß nicht,
dass ich schon lange
fünfzig bin.

Wer mir
zum ersten Geburtstag
meiner Tochter
Einweg-Windelproben
in den Briefkasten stecken lässt,
weiß nicht,
dass ich nicht Vater bin.

Wer mir
ein garantiert gewinnendes
Glückslos verkaufen will,
weiß nicht,
dass das Glück
sich nicht verlosen lässt.

Aber das ist nicht das Einzige
was nicht stimmt
in der aktuellen Big-Data-Welt,
von Konsumgüterproduzenten bestimmt.

Im Sommer

Im Sommer
hatten wir
Gras
zwischen den Füßen
und im Winter
gab es nur ganz selten
Schnee.

Die Ursuppe,
dieses dampfende Gemisch
aus schwefligen Säuren
Teeren und mineralischen Ölen,
kam zurück.
Aus dem Inneren der Erde
wurde sie wieder empor geholt
und lag jetzt, fein verteilt,
in der Luft.

Der Smog in den Städten
war nur eine Vorahnung
und das hustende Kind,
das ich war,
schaute erschrocken
durch die Scheibe des Fensters
vor dem es saß.

Es gab viele mögliche Zukünfte
und nur eine
wurde wirklich.

Vor dem Öffnen
wurde die Sprudelflasche
kräftig geschüttelt,
damit die Kohlensäure entwich,
und auf den Milchreis
streute man Zimt
mit Zucker gemischt.

Hinten im Hof
wurde der Rasen zertreten,
beim Fußballspiel und beim Toben.
Nur auf dem kleinen Stück,
das vor der Treppe
übrig blieb
konnte man liegen
und an dem grauen Putz
der Hauswand
emporschauen zu den Wolken
im Himmel.

Manche Morgen
waren klar,
sie kamen durch das offene Fenster
in das Zimmer,
so wie die Geräusche
vom Hof gegenüber.

Die Kinder,
die es konnten,
kletterten heimlich

über die Mauer
zur großen Kastanie,
um die herum
die Schuppen standen.

Die Zukunft
war noch eine ferne Zeit
und die Vergangenheit
noch nicht lange her.

Ein Mädchen erklärte mir
den Teil der Welt
den sie nicht verstand
und ich blickte
aus dem Haus gegenüber
auf das Fenster
aus dem ich
am Morgen noch
geschaut hatte.

Die Puppe ist irgendwann verschwunden
und ein stolzer Vogel
mit einer Krone
versuchte sich am Leben.

Darius spielte Klavier
– etwas später –
und der Schulchor
sang auf einer Schallplatte
aus schwarzem Vinyl.

Schon damals
gab es den Staub
und auch damals
tat man so
als nähme man es ernst.

Man änderte sein Handeln
aber nicht.

Ich würde gerne noch
zwei oder drei Jahrzehnte leben
in Frieden
in einer Welt mit Bäumen und Gras
und frischer Luft zum Atmen.
Ich ginge
mit einer Frau,
die ich liebte,
durch die Hügel,
die die Kindheit
meines Vaters waren,
bevor er in die Stadt
mit den rauchenden Hochöfen zog.

Und wenn ich mir
noch eine Zeit danach
wünschen könnte,
dann wünschte ich mir
ein glückliches Leben
für die Menschen,
von denen zwei oder drei
meine Kinder wären.

Es ist ein Wunsch
– nur –
aber er tut mir gut.

Gras zwischen den Füßen
warm im Sommer die Wiese
und im Winter
glitzernd der Schnee
zum Verlieben,
blinzelnd im Licht
der mittäglichen Sonne.

Küsst du mich
noch einmal,
bevor es Abend wird?

VII.

In Gedanken belauscht
<oder> unhinterfragte Zusammenstellung

Auf einer Bank,
vielleicht auch auf zwei
zufällig dort liegenden Steinen,
saßen zwei Männer,
vielleicht ging auch einer von ihnen
oder beide, manchmal umher,
so ab und zu.
Ich konnte ihre Stimmen hören,
aber nicht verstehen was sie sagten.
Selbst wenn ihre Stimmen sich hoben
so ab und zu
im Eifer des Gesprächs
konnte ich nicht verstehen,
was sie sagten.
Ich hörte sie nur,
belauschte sie
in meinen Gedanken.

Wäre ich näher gewesen
an dem Platz, an dem sie
standen, umhergingen oder saßen,
ich hätte gehört, dass sie sich
in einer alten Sprache unterhielten.

Ich denke,
sie haben sich nie gesehen,
Hiob und Kohelet
und ich frage mich

was sie sich wohl
zu sagen hätten.
Vielleicht würde man
ihnen heute empfehlen,
sich in Paris
in die Ruine
von Notre Dame
zu setzen
oder Peter Handke
dabei zu helfen,
seinen Weg vom Kino
zu der brennenden Kathedrale
zu finden,
wo er doch schon vorher
die Rauchwolken gesehen hatte,
schwefelgelb.

Ganz hinten,
habe ich in der Bank gesessen
und gelauscht
und mir gewünscht,
etwas
zu verstehen.

Gedanken Zitate

Eine sorgfältig zusammengelegte Zeitung
lag auf dem Stuhl,
der in der Küche stand
und ich faltete einen der Bögen
zu einem Vogel,
zu einer kleinen Eule;
so, wie ich es in meinen Gedanken
vor vielen Jahren
schon einmal
gemacht hatte.

Der kleine Vogel
stand einige Zeit
auf meinem Tisch
nahe am Fenster,
durch das ich auf die Straße
schauen konnte.
Als ich es einmal etwas länger
offen stehen ließ,
flog er davon.

Wie ich es bemerkte,
schaute ich in den Himmel,
konnte ihn aber
schon nicht mehr sehen.

In den folgenden Tagen
ließ ich das Fenster

immer für einige Zeit geöffnet.
Aber er kam nicht zurück.

Ich dachte daran,
dass er ja aus Papier war,
und er gegen Regen
und auch Wind
nicht geschützt wäre,
der kleine Vogel.

Nach einem
oder auch nach zwei
Jahren,
irgendwann im September,
war er wieder da.
Er stand auf meinem Tisch,
so, als sei er nur
hinter die Bücher
die da standen
gerutscht.
Doch als ich ihn
in die Hand nahm,
um ihn genauer zu betrachten,
da war er ganz feucht
und die Ränder der Flügel
waren zerzaust.

Auf der Straße
spielten einige Kinder.
Ich hörte ihre Stimmen

verstand aber nicht
was sie sagten.

Ich denke,
ich werde jetzt öfter
eine Zeitung
falten.

Du

Irgendwo auf der Welt,
vielleicht ganz in der Nähe
oder auch auf einem ganz anderen
Kontinent,
steht ein Haus,
das ich nicht kenne
und darin lebst
Du,
ein Mann oder eine Frau
ein Mädchen oder ein Junge,
Menschen die ich nicht kenne
und wohl auch niemals
kennen lernen werde.
Und es sind
so viele Häuser
und noch mehr Menschen
und in jedem sind Gedanken,
so wie in mir jetzt der Gedanke
an Dich in dem Haus,
das ich nicht kenne.

Ignapur und Namadin

Ich habe zwei Tage
vergessen
von meinem Leben
aus meinem Leben
in meinem Leben.
Sie sind nicht mehr
da
nur das Wissen,
dass sie waren
ist,
aber nicht
wie und wo
und auch nicht das was
weiß ich.
Ich weiß nur,
dass sie waren
so wie alles war
was vergangen ist
an diesem Tag
in dieser Woche
in den letzten Monaten
und Jahren.

Ich habe mich
einmal gefragt
was es ändern würde
erinnerte ich mich
an diese beiden
Tage.

Ich weiß es nicht,
wie es wäre:
Was anders sein könnte?
Meine Hoffnung?
Mein Blick?
Etwas mehr Zuversicht?

Es sind so viele Tage
und es sind so viele Menschen
in diesen Tagen
und manchmal denke ich,
dass sie einige Tage,
Tage an die ich mich erinnere
nicht erinnern,
wichtige Tage,
bedeutend,
lange her, und auch
erst kürzlich vergangene.
Tage mit Ereignissen,
die wichtig waren,
sind.
Sie erinnern sie nicht mehr
und handeln,
als wenn sie nicht wüssten
was war.

Und ich weiß,
was war.
Nur an zwei Tage,
daran erinnere

ich mich
nicht.

Es wäre eine schöne
aber wohl auch falsche
Hoffnung,
dass in diesen beiden Tagen,
an diesen beiden Tagen,
etwas geschehen sei,
dass das, was jetzt geschieht
anders erscheinen ließe
als es erscheint
aufgrund dessen
was ich erinnere.

Doch es ist eine Torheit,
die Lösung
für ein Problem
oder die Antwort
auf eine Frage
in etwas zu sehen
was man nicht kennt
oder hat,
wo es doch
eine Lösung
gibt,
und sogar
eine jedermann
bekannte.

Ich wünsche mir,
dass sich jemand erinnert.
Es gab schon so viele Tote
und Zerstörung
von Dingen und Leben
und Hoffnung
und es ginge doch
auch anders
als mit Gewalt
und schreckensvollem
Grauen.

Ich wünsche mir,
dass wir für diese Möglichkeit
den Konjunktiv
nicht mehr
brauchten.

Es steht der Mond
mit schmaler Sichel
am Himmel
und zwei Planeten.
Sie werfen
das Licht
der Sonne
auf die dunkle Seite
der Erde.

Ich habe
die Namen der Planeten
vergessen.

Ich weiß nicht
was wäre,
wenn ich sie
erinnerte.

Ich habe ihnen
neue Namen
gegeben,
heute Abend:

Ignapur und Namadin
habe ich sie
genannt.

Die Namen
klingen wie Worte
aus der Zeit
als die Menschen noch Kinder
waren.

Ignapur und Namadin,
ihr könntet
euch lieben.

Gespräch Erinnerung

Die Tage an denen sich
die zwei Labradore unterhielten,
auf meiner Terrasse,
direkt vor der noch am Abend
geschlossenen Tür,
sind schon einige Zeit
vergangen.
Ich habe sogar noch einmal
nachschauen müssen, wie ein Labrador aussieht,
in einem Lexikon.

Ihr Gespräch war – glaube ich –
nicht wirklich von Bedeutung,
obwohl das wahrscheinlich völlig falsch ist.
Ein Irrtum.
Wohl eher wird es von Bedeutung
gewesen sein,
einer Bedeutung,
die sich nur mit einem bestimmten Wissen
– das mir zu fehlen schien –
erschließt.
Daran hatte ich nicht gedacht,
als ich hörte, was sie sagten.
Jetzt erinnere ich es nicht mehr
und es ist mir so auch nicht möglich,
mich um das für das Verständnis fehlende Wissen
zu bemühen.

Es wäre schön,
denke ich jetzt,
wenn sie ihr Gespräch noch einmal
wiederholten,
vielleicht am Abend
vor dem offenen Fenster,
das zum Garten heraus geht
und durch das frische Luft
in mein Zimmer strömt.

Ich würde zuhören, diesmal
aufmerksam
und vielleicht würde ich
auch etwas
verstehen.

Schlüssel für die den Seitenzahlen jeweils mit einem Bindestrich vorange-
stellten Kurzbezeichnungen der entsprechenden Bände. Seitenzahlen denen
keine Abkürzung vorangestellt sind, sind Seitenzahlen in diesem Band.

I =   Gedichte, Gesamtausgabe, Band 1, 1992 bis 2017,
      2. Auflage, Köln 2020, ISBN: 9783750471214
      Die Seitenzahlen der ersten Auflage (Köln 2017, ISBN 9783744855303) des ersten Bandes
      der Gesamtausgabe stimmen mit den Seitenzahlen der zweiten Auflage überein.
II = Gedichte, Gesamtausgabe Band 2, 2018 bis 2019,
      1. Auflage, Köln 2020, ISBN: 9783750471337
[2] = Für einige Augenblicke, Köln 2016, ISBN: 9783741256493
[3] = Von Innen heraus, Köln 2017, ISBN: 9783744852227
[4] = Im Zeitstrom, Köln 2018, ISBN: 9783748171058
[5] = Liebkosung, Köln 2019, ISBN: 9783750416246

Alphabetisches Verzeichnis der

Gedichtüberschriften

mit Angabe der Quelle

Alphabetisches Verzeichnis der

Gedichtanfänge

Inhalt

VII.

Marcellus M. Menke

Wie Musik für die Augen zum Lesen

Geschenkte Gedichte
Köln 2015
ISBN: 9783837021738

Marcellus M. Menke

Für einige Augenblicke

Gedichte
Köln 2016
ISBN: 9783741256493

Marcellus M. Menke

Von innen heraus

Gedichte
Köln 2017
ISBN: 9783744852227

Marcellus M. Menke

Im Zeitstrom

Gedichte
Köln 2018
ISBN: 9783748171058

Marcellus M. Menke

Liebkosung

Wie eine zugeflogene Melodie
Gedichte
Köln 2019
ISBN: 9783750416246

editionHIC<

Marcellus M. Menke

Zwischenbuch

Gedichte, Grafiken und Buchtitel

Durchgesehen und neu zusammengestellt auf
der Basis der Erstausgabe von 2005

Köln 2017

ISBN: 9783744812580

Le Tschen

Wie man die
Radioaktivität
überlebt

Siebenunddreißig mikroskopische
Erzählungen in drei Büchern

Aus dem Japanischen von
Masahiro Miyamoto

Mit Nachworten
von Marcellus M. Menke

Köln 2015

ISBN: 9783734791277

editionHIC<

Marcellus M. Menke

Gedichte
Gesamtausgabe Band 1
1992 bis 2017

2. Auflage Köln 2020

ISBN: 9783750471214

Marcellus M. Menke

Gedichte
Gesamtausgabe Band 2
2018 bis 2019

Köln 2020

ISBN: 9783750471337

Marcellus M. Menke

Gedichte
Registerband
für Band 1 und 2 der Gesamtausgabe

Köln 2020

ISBN: 9783750471344

editionHIC<

MASAHIRO
MIYAMOTO

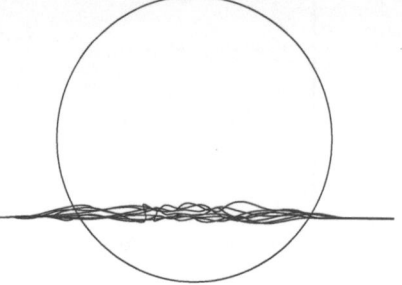

WIE EIN
STILLES MEER

ROMAN

EDITION PREVIEW FIRST
KÖLN · NEW YORK · TOKIO

Masahiro Miyamoto: „Wie ein stilles Meer". Mit dem abrupten Tod des Geliebten beginnt für Yoschiko die Suche nach seiner ihr bisher verheimlichten Geschichte. Dabei stößt sie auf geheime Forschungsprojekte, undurchsichtige Kontakte zur japanischen Glücksspielmafia und korrupte Politiker. Sensibel erzählt Masahiro Miyamoto in seinem Erstlingswerk eine Geschichte von Suchen und Finden, von der Spannung zwischen eigener und fremder Identität und dem Tasten nach einem Weg zum Überleben in einer auseinanderbrechenden Welt.

ISBN: 978-3-7322-8243-2

Marcellus M. Menke (Hrsg.)

Zukunftsgeschichten

Texte von
Michael Quant,
Alexandra Kirschbaum,
Brian T. Ballmoor und
Pascal-David Dombeaux

Köln 2017
ISBN: 9783743159266

Geschichten die in der Zukunft spielen, egal ob in einer nahen oder fernen, sagen auch immer etwas über die Gegenwart ihrer Verfasser aus. Interessant sind diese Texte, wie alle Literatur, wenn sie unabhängig von dem zeitlichen Kontext, den sie zum Thema machen, Geschichten erzählen, die den Menschen, sein Leben und seine Leidenschaft berühren. Eine gute Zukunftsgeschichte ist zeitlos.

Michael Quant studierte Literaturwissenschaften, Physik und Informatik in Köln, Palermo, Paris und Boston. Nach einer Reihe von Forschungs- und Lehraufträgen an europäischen und amerikanischen Universitäten, lebt er seit 1997 als freier Autor mit seiner Frau und seinen beiden Kindern in New York.

Alexandra Kirschbaum wurde 1971 in Köln geboren. Sie studierte Musikwissenschaften und Romanistik in Köln und Hamburg. Ihre Dissertation schrieb sie über „Das Italienische in der Musik der deutschen Romantik". Die Autorin ist mit einem Architekten verheiratet und hat zwei Kinder.

Brian T. Ballmoor ist an der University of Georgia, U.S., Professor für Astrophysik und Numerische Mathematik. In seiner Freizeit schreibt er seit vielen Jahren populäre Kurzgeschichten, die in verschiedenen amerikanischen Zeitschriften erscheinen.

Pascal-David Dombeaux, 1964 als Kind deutsch-französischer Eltern in St. Denis (Réunion) geboren, kam mit vier Jahren nach Deutschland. Er studierte Medizin, Philosophie, Geschichte und Musikwissenschaften in Hamburg, Paris, Mainz und Köln. Seit 1992 lebt Pascal-David Dombeaux als Autor und freier Schriftsteller in Köln.

Michael Holst:
„72 Bilder meines Waschbeckens
am Morgen"
Photographien für Joseph Beuys
conTEMPart-Edition. Köln 2017
ISBN 9783752822458

Michael Holst:
Nachtbilder
Photographien einer Installation
ohne Hase für Ewald Mataré,
Joseph Beuys und Günther Uecker
conTEMPart-Edition. Köln 2018
ISBN 9783748120193

Michael Holst:
142129 Wäscheständer in der
Wüste von Nevada
Projekt einer Installation für Christo
und Jeanne-Claude
conTEMPart-Edition. Köln 2019
ISBN: 9783750407824

conTEMPart-Edition

Herausgegeben von Marcellus M. Menke

Marcellus M. Menke (Hrsg.)

Michael Holst

conTEMPart-Edition

Der Künstler Michael Holst ist ein wahrhaftiger Universalist. Er arbeitet mit den unterschiedlichsten Medien und Techniken. Sein Werk umfasst sowohl ganz klassische Arbeiten auf Leinwand und Papier, aber auch Skulpturen und umfangreiche Installationen. Ein von ihm geschätztes Medium ist die digitale Photographie. Er erstellt mit ihr beeindruckende Prints in den unterschiedlichsten Formaten und er dokumentiert mit ihr seine Installationen und Projektkonzepte. Diese Dokumentationen sind die Grundlage für seine Bildbände, die in der Regel jährlich in der contempART-Edition erscheinen.

Im Band „Hohes Holz" dokumentiert er die großformatigen Ölbilder der gleichnamigen Ausstellung. Im Band „Julchen kann heut' nicht im Garten arbeiten" findet sich die Dokumentation eines Installationszyklus in einer deutschen Kleingartenkolonie. Der Band „72 Bilder meines Waschbeckens am Morgen" setzt sich mit Themen aus dem Werk von Joseph Beuys auseinander. In der Dokumentation „Nachtbilder" zeigt er Details seiner „Installation ohne Hase", in der er sich mit Motiven aus den Werken von Ewald Mataré, Joseph Beuys und Günther Uecker auseinandersetzt.

marcellus m. menke

me
dita
tionen

gedichte aus drei jahren

editionHIC<

In diesem Band sind die Meditationen der Jahre 2017, 2018 und ein Text aus dem Jahr 2016 zusammengestellt. Impulse für ein Leben mit offenen Augen und Gedanken.

Edition HIC<, Köln 2018. ISBN: 9783752829129

BÜCHER

die es erst in der Zukunft geben wird

E̩s gibt Bücher, die gibt es, aber sie sind noch nicht ge-
schrieben. Auf den Internetseiten der Buchmanufaktur
finden sich alle diese Bücher. Es gibt den Titel, den Au-
tor und einen Klappentext. Und dann gibt es den Leser.
Ihn spricht eines dieser Bücher an. Dieses Buch wird
geschrieben, wenn ein Leser es lesen will.

Book written on Demand

editionHIC<